논술대비
바른 손글씨 쓰기

논술대비 바른 손글씨 쓰기

개정판 발행 2020년 3월 25일

지은이   시사정보연구원
발행인   권윤삼
발행처   도서출판 산수야

등록번호   제1-1515호
주소   서울시 마포구 월드컵로 165-4호
우편번호   03962
전화   02-332-9655
팩스   02-335-0674

ISBN 978-89-8097-495-5   43710

이 도서의 국립중앙도서관 출판시도서목록(CIP)은
서지정보유통지원시스템 홈페이지(http://seoji.nl.go.kr)와
국가자료공동목록시스템(http://www.nl.go.kr/kolisnet)에서 이용하실 수 있습니다.
(CIP제어번호: CIP2020008434)

논술대비
바른 손글씨 쓰기

일주일 안에 완성하는 바르고 예쁜 글씨 쓰기

- 보조선과 기준선을 활용한 바른 글씨체 교정
- 글 쓰는 힘과 폭 넓은 사고를 동시에 기르는 문장 연습
- 흥미를 높이는 단어와 문장으로 구성된 편집
- 원고지 쓰는 법과 문장부호 정리
- 악필을 명필로 바꾸는 다양하고 체계적인 구성 요소
- 다양한 글씨체 연습으로 자신감 있는 서체 완성

시사정보연구원 지음

시사패스
SISAPASS.COM

머리말

정갈한 글씨, 눈에 확 띄는 글씨, 인격을 대변하는 글씨로
쫄지 말고 논술 쓰자!

논술을 앞둔 수험생이나 에세이를 준비하는 청소년들이 혹여 악필 때문에 고민하고 있다면 고민 해결을 위해 몇 가지 지침을 알려주려고 이 책을 기획했다. 따라서 이 책으로 열심히 연습한다면 글씨로 인하여 시험에서 불이익을 받게 되는 일은 피할 수 있을 것이다.

깔끔하게 쓰는 연습을 하라.
키워드를 재생산하라.
시간을 재면서 글을 써라.
문제 유형을 정확하게 파악하라.

논술이나 에세이 준비를 위해서는 무엇보다 평소에 다양한 교과 학습을 통해서 다양한 주제의 글들을 주체적으로 읽고 논리적이고 비판적으로 대응하는 연습을 꾸준히 하는 것이 중요하다. 교실에서 이뤄지는 학습 활동, 즉 새로운 단원을 읽고 핵심 개념이나 주제를 파악, 전체의 논리적 연관성을 이해, 새로운 문제점을 발견, 그 문제점에 대한 대안을 모색, 토론 과정을 통해 대안들을 심화하고, 나름대로 정리하여 글로 써 보거나 말로 발표하는 활동 모두가 논술 준비의 일환이요, 나아가 자기 발전과 세계 발전을 위한 초석이 되는 활동이므로 이를 분명히 인식하여 실천에 옮기는 것이 많은 도움이 될 것이다.

논술을 잘하기 위해서는 무엇보다 글(논제와 제시문)을 정확히 읽는 것이 중요하다. 중심

소재와 뒷받침 소재를 정확히 구분하고, 그 소재를 대하는 필자의 태도 혹은 그것과 관련한 필자의 처지와 상황을 파악하여 주제를 도출하고, 자신의 비판적 견해까지 사려 깊게 성찰하면서 읽는 연습이 요구된다. 즉, 제시문의 소재와 주제, 필자의 처지와 태도, 구성과 맥락 등을 다채롭게 고려하면서 분석적이면서도 종합적으로 글을 읽는다면, 그 어떤 글이라도 이해하지 못할 것은 없을 것이다.

따라서 수동적인 읽기가 아니라 글 읽기를 통해 얻은 새로운 앎을 내 안에 들어 있는 여러 지혜와 상상력의 보물창고와 결합하여 새로운 화학반응을 일으키면서 새로운 지혜와 정보를 창출하기 위해서 읽는 것이 핵심임을 명심하자.

정확히 읽고, 창의적인 대안을 궁리한 다음에는 그것을 효율적으로 표현할 수 있어야 한다. 구술시험이라면 말로, 논술 시험이라면 글로 표현하여 성공적으로 의사소통해야 한다. 논술문 작성을 위해 먼저 효율적인 개요 작성을 하는 것이 좋다. 개요는 구체적이고 체계적이어야 하며, 가능하면 분량까지 잘 계산된 것이면 더 좋을 것이다.

여기에서 바로 자신만의 정갈하고 바르고 예쁜 글씨체가 힘을 발휘할 차례다. 시험지를 채점하는 사람도 악필은 읽기 힘들다. 채점자가 논술 제시문에 여러 가지 지혜와 상상력의 보물창고를 결합하여 새로운 지혜와 정보를 창출했지만 무슨 내용이 담겨 있는지 읽기가 힘들다면 그동안의 노력이 수포로 돌아간다. 그래서 글씨 쓰기가 중요한 것이다. 내가 정성 들여 작성한 답안지를 제대로 평가받는 방법이 무엇인지 꼭 연구해 보자.

글씨는 잘 쓰는 사람도 정성 들여 차근차근 쓸 때와 속도를 내서 쓸 때는 차이가 나는 법이지만 사람들이 보기에는 잘 쓰는 것처럼 보인다. 이는 글씨를 쓰는 기본기의 차이 때문이다. 꾸준한 연습을 통해 올바르고 정확하게 쓰는 기본기를 튼튼하게 하면 속도 나게 글씨를 써도 흐트러지는 범위는 좁아지게 마련이다. 시작이 반이라고 했듯이 매일 30분 정도만 꾸준히 연습한다면 확연히 달라진 나만의 좋은 글씨체를 확인할 수 있다.

예쁜 글씨는 두고두고 도움이 된다. 글은 마음으로 그리는 그림이며, 머릿속 생각을 꽃피우는 것이라 성현들은 말했다. 예나 지금이나 인재를 평가하는 다양한 방법들이 존재하지만 변하지 않는 것 중 하나가 바로 글씨다. 이 책으로 열심히 연습한다면 글씨로 인하여 평가에서 불이익을 받게 되는 일은 피할 수 있다. 모든 이가 뜻하는 바를 반드시 이루도록 아낌없는 찬사를 보낸다.

논술 평가 기준

- 각 제시문을 올바르게 이해하고 분류하였는가
- 각 제시문 안에서 키워드를 제대로 포착하였는가
- 각 제시문의 요지를 정확히 서술하고 있는가
- 키워드 간 인과관계를 포착하였는가
- 찬성 또는 반대의 입장을 취하여 정당화하는 논리전개가 적절한가
- 논리전개에서 상대편의 입장에 대한 논리적 분석을 포함하고 있는가

논술 달인을 위한 10계명

- 논제와 출제의도를 정확히 파악한다.
- 정확히 읽고 효율적으로 요약한다.
- 제시문의 논리적 연관관계를 정확하게 파악한다.
- 논제 해결에 필요한 논거를 우선 제시문에서 적절히 파악하고, 자신의 평소 지식과 정보 및 경험에서 축적한 논거들과 효율적으로 융합하여 새로운 발견적 사유를 추론한다.
- 자신의 논지와 주장이 합당한 논거에 근거하고 있는지, 반론에 취약하지 않은지 반성한다.
- 핵심 아이디어와 키워드를 정리한다.
- 효율적인 개요를 작성한다.
- 제시문보다 문제를 먼저 읽는다.
- 제시문에 그래프나 도표가 나온 경우 철저히 이해한다.
- 글(단락, 문장)의 구성력(통일성, 일관성, 완결성)을 제고하고 어문규정 및 분량을 준수한다.

ㄱ ㄱ ㄱ ㄱ ㄱ
ㄱ ㄱ ㄱ ㄱ ㄱ

교 사

ㄴ ㄴ ㄴ ㄴ ㄴ
ㄴ ㄴ ㄴ ㄴ ㄴ

나 라

ㄷ ㄷ ㄷ ㄷ ㄷ
ㄷ ㄷ ㄷ ㄷ ㄷ

다 리

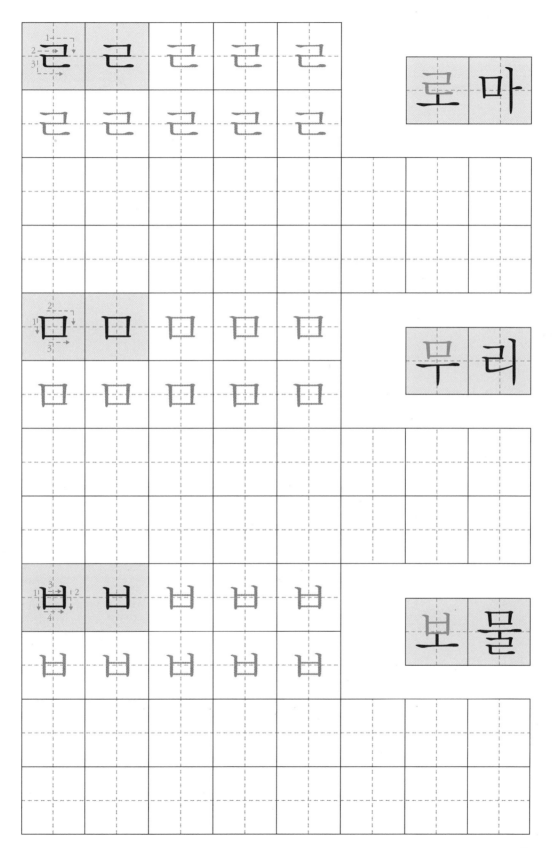

로마

무리

보물

9

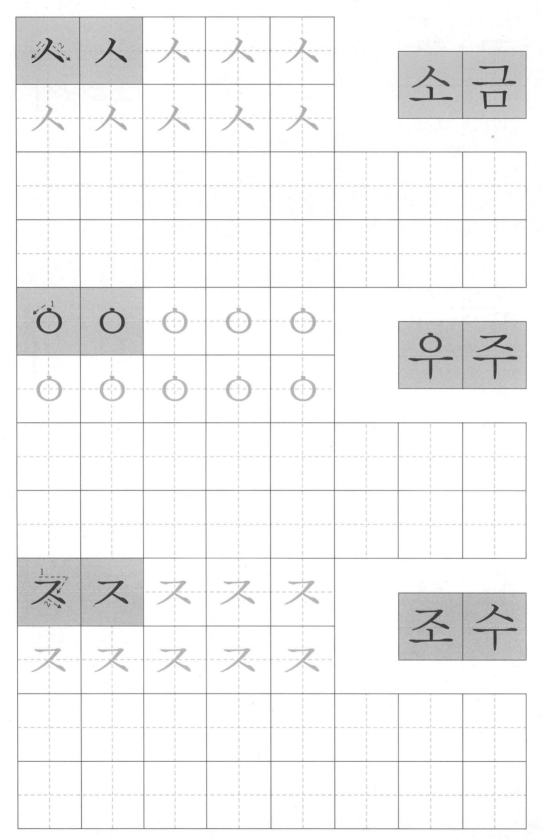

소금

우주

조수

ㅊ	ㅊ	ㅊ	ㅊ	ㅊ
ㅊ	ㅊ	ㅊ	ㅊ	ㅊ

초 가

ㅋ	ㅋ	ㅋ	ㅋ	ㅋ
ㅋ	ㅋ	ㅋ	ㅋ	ㅋ

키 위

ㅌ	ㅌ	ㅌ	ㅌ	ㅌ
ㅌ	ㅌ	ㅌ	ㅌ	ㅌ

토 끼

프	프	프	프	프
프	프	프	프	프

파 도

ㅎ	ㅎ	ㅎ	ㅎ	ㅎ
ㅎ	ㅎ	ㅎ	ㅎ	ㅎ

하 루

ㄲ	ㄲ	ㄲ	ㄲ	
ㄲ	ㄲ	ㄲ	ㄲ	

까 치 발

ㄸ	ㄸ	ㄸ
ㄸ	ㄸ	ㄸ

딱	따	구	리

ㅃ	ㅃ	ㅃ	ㅃ
ㅃ	ㅃ	ㅃ	ㅃ

뿔	나	비

ㅆ	ㅆ	ㅆ	ㅆ
ㅆ	ㅆ	ㅆ	ㅆ

싸	리	비

짜	짜	짜	짜
짜	짜	짜	짜

짜	임	새

지금 이 순간 여러분이 곧 신세대입니다.

그러나 머지않아 여러분도 구세대가 되어 사라져 갈 것입니다.

여러분의 시간은 한정되어 있습니다.

따라서 다른 사람의 삶을 사느라 시간을 낭비하지 마십시오.

타인의 생각의 결과물에 불과한 도그마(절대적 권위를 갖게 될 철학적 명제나 종교상의 진리)에 빠지지 마십시오.

타인의 견해가 여러분 내면의 목소리를 삼키지 못하게 하세요.

또한 가장 중요한 것은 가슴과 영감을 따르는 용기를 내는 것입니다.

이미 여러분의 가슴과 영감은 여러분이 되고자 하는 바를 알고 있습니다.

– 스티브 잡스의 연설 중에서

나라

야생

어부

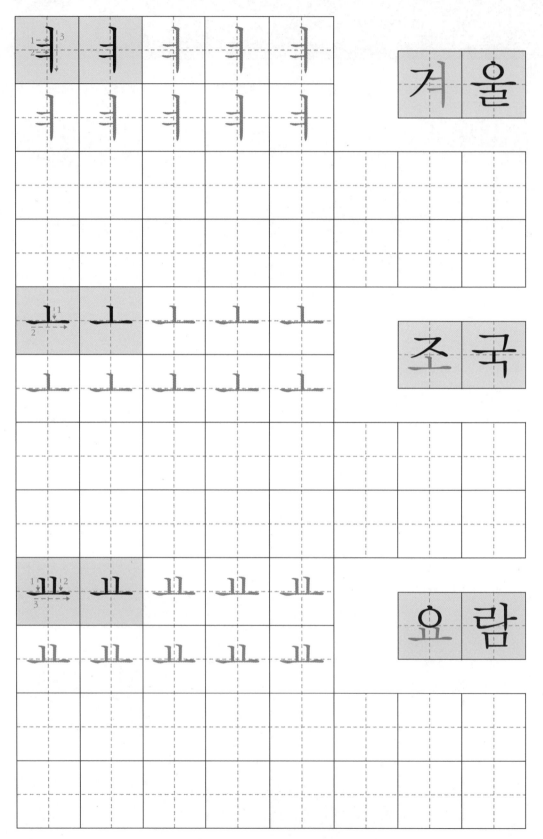

겨울

조국

요람

16

ㅜ	ㅜ	ㅜ	ㅜ	ㅜ
ㅜ	ㅜ	ㅜ	ㅜ	ㅜ

추석

ㅠ	ㅠ	ㅠ	ㅠ	ㅠ
ㅠ	ㅠ	ㅠ	ㅠ	ㅠ

유도

ㅡ	ㅡ	ㅡ	ㅡ	ㅡ
ㅡ	ㅡ	ㅡ	ㅡ	ㅡ

그늘

ㅣ	ㅣ	ㅣ	ㅣ	ㅣ
ㅣ	ㅣ	ㅣ	ㅣ	ㅣ

시간

ㅐ	ㅐ	ㅐ	ㅐ	
ㅐ	ㅐ	ㅐ	ㅐ	

대나무

ㅒ	ㅒ	ㅒ	ㅒ	
ㅒ	ㅒ	ㅒ	ㅒ	

애기꾼

ㅖ ㅖ ㅖ ㅖ
ㅖ ㅖ ㅖ ㅖ

메	밀	꽃

ㅞ ㅞ ㅞ
ㅞ ㅞ ㅞ

예	비	선	거

ㅘ ㅘ ㅘ
ㅘ ㅘ ㅘ

과	대	광	고

괘	괘	괘
괘	괘	괘

쇄	국	주	의

괴	괴	괴
괴	괴	괴

외	교	사	절

궈	궈	궈
궈	궈	궈

월	인	석	보

궤	궤	궤
궤	궤	궤

궤	도	운	동

귀	귀	귀
귀	귀	귀

취	재	기	자

의	의	의
의	의	의

의	기	충	천

	ㅏ	ㅓ	ㅗ	ㅜ	ㅡ	ㅣ	ㅔ
ㄱ	가	거	고	구	그	기	게
ㄴ	나	너	노	누	느	니	네
ㄷ	다	더	도	두	드	디	데
ㄹ	라	러	로	루	르	리	레
ㅁ	마	머	모	무	므	미	메
ㅂ	바	버	보	부	브	비	베
ㅅ	사	서	소	수	스	시	세
ㅇ	아	어	오	우	으	이	에
ㅈ	자	저	조	주	즈	지	제
ㅊ	차	처	초	추	츠	치	체

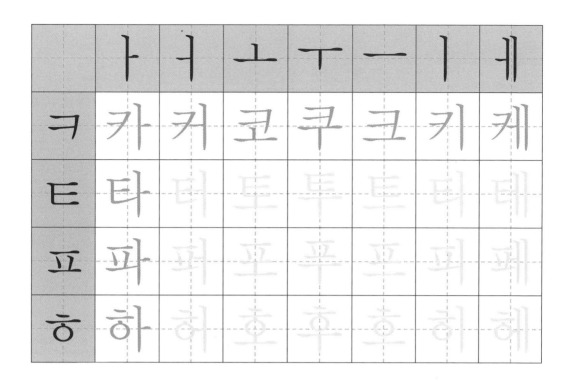

	ㅏ	ㅓ	ㅗ	ㅜ	ㅡ	ㅣ	ㅔ
ㅋ	카	커	코	쿠	크	키	케
ㅌ	타	터	토	투	트	티	테
ㅍ	파	퍼	포	푸	프	피	페
ㅎ	하	허	호	후	흐	히	헤

다음 글자를 바르게 써 봅시다.

가	자	거	미	바	지	나	라
가	자	거	미	바	지	나	라
차	고	타	조	파	도	하	나
차	고	타	조	파	도	하	나

(○)

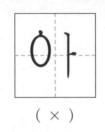

(×)

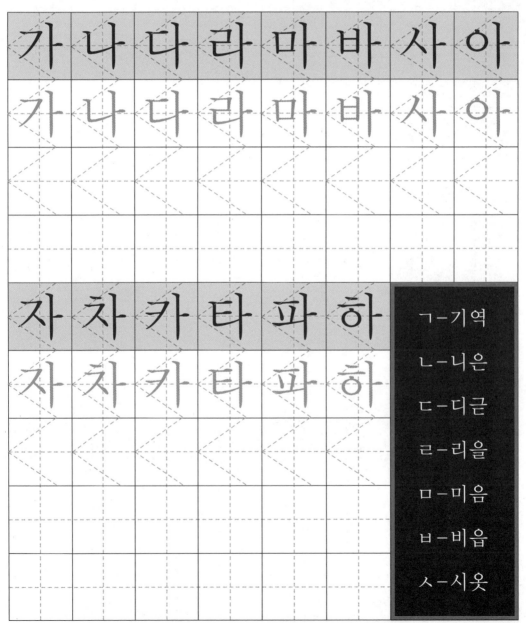

ㄱ - 기역

ㄴ - 니은

ㄷ - 디귿

ㄹ - 리을

ㅁ - 미음

ㅂ - 비읍

ㅅ - 시옷

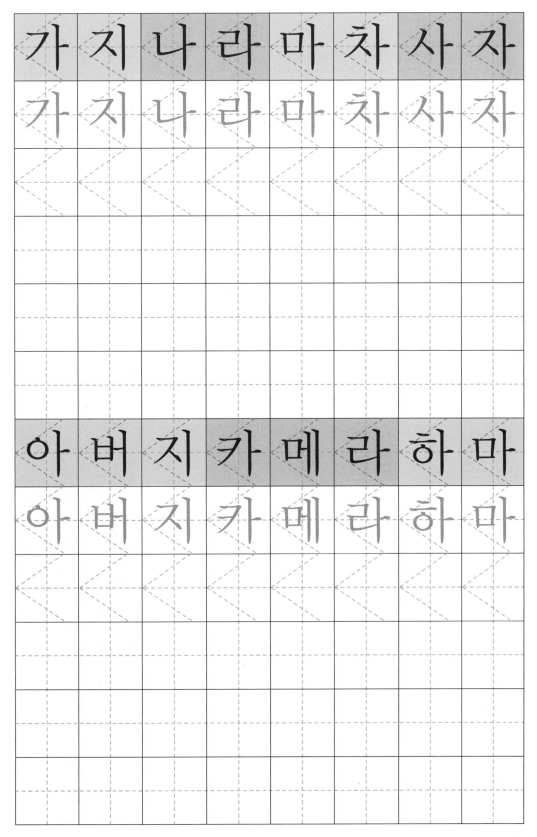

가 지 나 라 마 차 사 자
가 지 나 라 마 차 사 자

아 버 지 카 메 라 하 마
아 버 지 카 메 라 하 마

거 너 더 러 머 버 서 어
거 너 더 러 머 버 서 어

저 처 커 터 퍼 허
저 처 커 터 퍼 허

ㅇ-이응
ㅈ-지읒
ㅊ-치읓
ㅋ-키읔
ㅌ-티읕
ㅍ-피읖
ㅎ-히읗

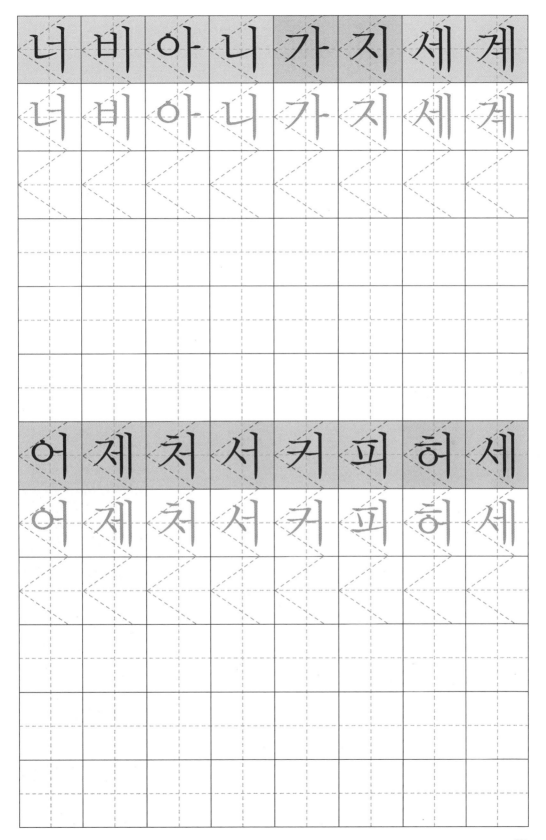

너 비 아 니 가 지 세 계

어 제 처 서 커 피 허 세

기 니 디 리 미 비 시 이

기 니 디 리 미 비 시 이

지 치 키 티 피 히

지 치 키 티 피 히

28

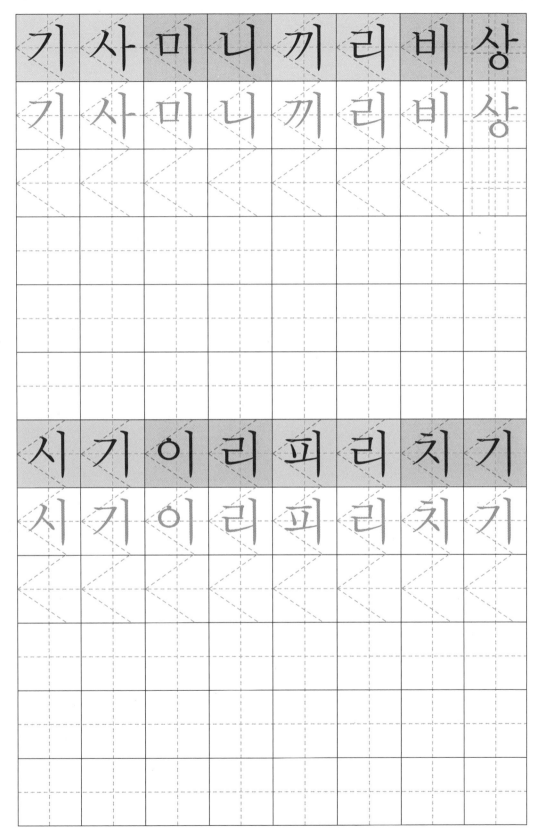

기 사 미 니 끼 리 비 상
기 사 미 니 끼 리 비 상

시 기 이 리 피 리 치 기
시 기 이 리 피 리 치 기

가 로 세 로 우 리 나 라
가 로 세 로 우 리 나 라

가 서 보 라 어 미 사 자
가 서 보 라 어 미 사 자

나	비	토	끼	하	마	배	추
나	비	토	끼	하	마	배	추

자	녀	머	리	차	레	기	타
자	녀	머	리	차	레	기	타

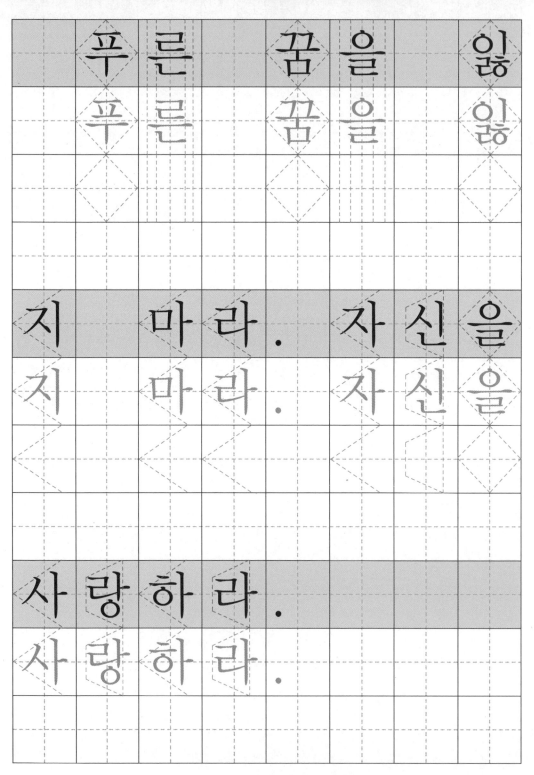

푸른 꿈을 잃

지 마라. 자신을

사랑하라.

32

행운의 여신은
행운의 여신은

자신을 사랑하는
자신을 사랑하는

사람을 사랑한다.
사람을 사랑한다.

초 (○) 초 (×)

고	노	도	로	모	보	소	오
고	노	도	로	모	보	소	오

조	초	코	토	포	호	틀리기 쉬운 우리말	
조	초	코	토	포	호	언덕빼기 (○) 언덕배기 (×)	
						요컨대 (○) 요컨데 (×)	
						아무튼 (○) 아뭏든 (×)	
						산봉우리 (○) 산봉오리 (×)	

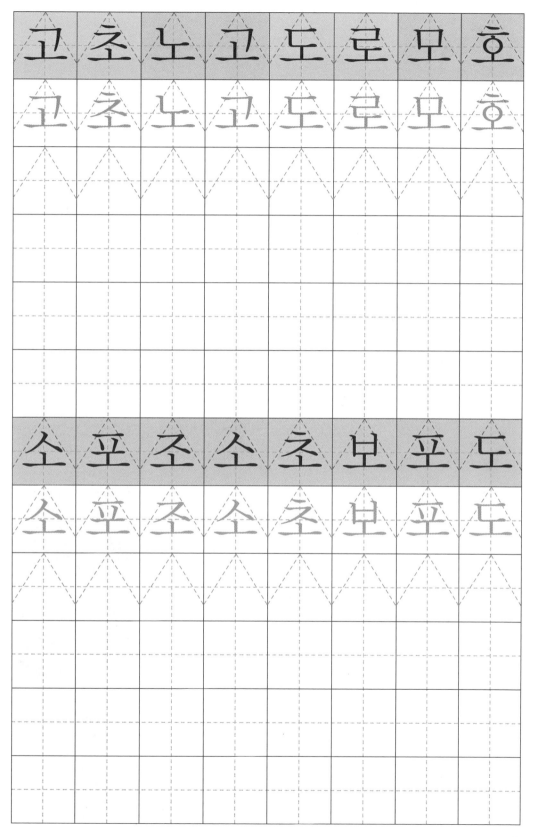

구	누	두	루	무	부	수	우
구	누	두	루	무	부	수	우

주	추	쿠	투	푸	후	**틀리기 쉬운 우리말**
주	추	쿠	투	푸	후	무릅쓰다 (○) 무릎쓰다 (×)

무릅쓰다 (○)
무릎쓰다 (×)

아니에요 (○)
아니예요 (×)

귓불 (○)
귓볼 (×)

연년생 (○)
연연생 (×)

오랜만에 (○)
오랫만에 (×)

늘그막 (○)
늙으막 (×)

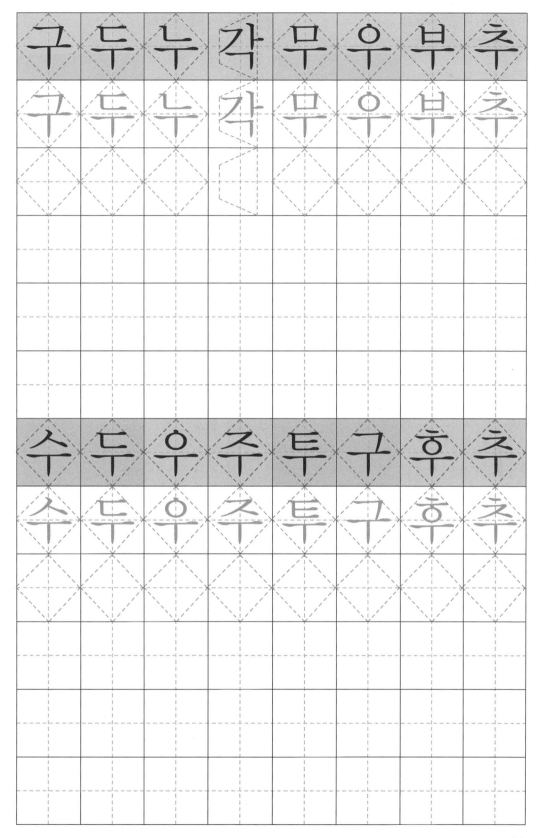

구	두	누	각	무	우	부	추
구	두	누	각	무	우	부	추
수	두	우	주	투	구	후	추
수	두	우	주	투	구	후	추

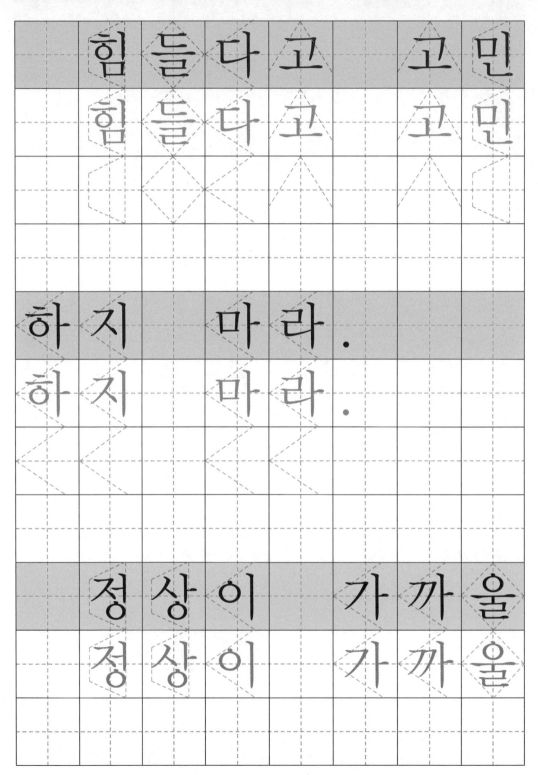

힘 들 다 고　고 민

하 지　마 라 .

정 상 이　가 까 울

수록 힘들기 마

수록 힘들기 마

련이다.

련이다.

가슴에 기쁨을

가슴에 기쁨을

가득 담아라.

가득 담아라.

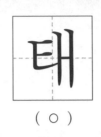 

(○)　　　　　(×)

개	내	대	래	매	배	새	애
개	내	대	래	매	배	새	애

재	채	캐	태	패	해	**틀리기 쉬운 우리말**
재	채	캐	태	패	해	널빤지 (○) 널판지 (×)

틀리기 쉬운 우리말

널빤지 (○)
널판지 (×)

귀띔 (○)
귀뜸 (×)

베개 (○)
배개 (×)

낯설다 (○)
낮설다 (×)

두 살배기 (○)
두 살박이 (×)

세 계 예 매 페 지 예 기
세 계 예 매 페 지 예 기

재 주 채 소 태 산 패 물
재 주 채 소 태 산 패 물

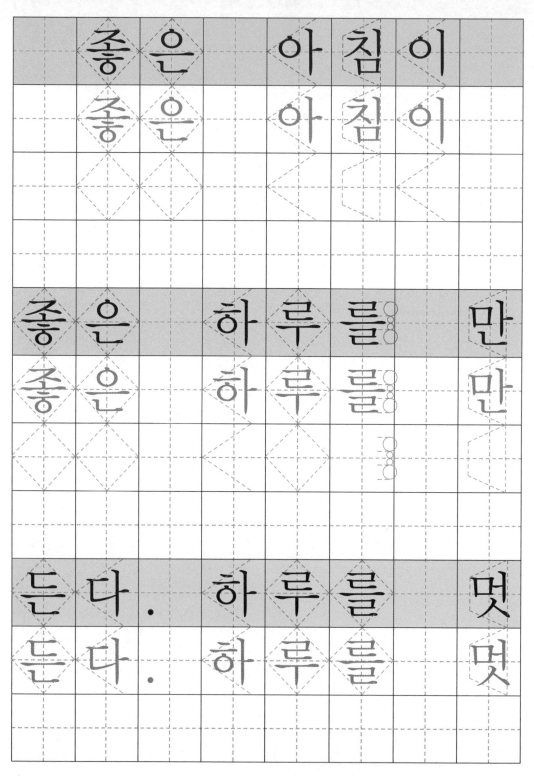

좋은 아침이
좋은 아침이

좋은 하루를 만
좋은 하루를 만

든다. 하루를 멋
든다. 하루를 멋

지게　시작하라.
지게　시작하라.

　웃음꽃에는　　천
　웃음꽃에는　　천

만　불의　가치가
만　불의　가치가

있다.
있다.

	ㄱ	ㄴ	ㄹ	ㅁ	ㅂ	ㅇ
가	각	간	갈	감	갑	강
나	낙	난	날	남	납	낭
더	덕	던	덜	덤	덥	덩
러	럭	런	럴	럼	럽	렁
모	목	몬	몰	몸	몹	몽
보	복	본	볼	봄	봅	봉
수	숙	순	술	숨	숩	숭
우	욱	운	울	움	웁	웅
지	직	진	질	짐	집	징
치	칙	친	칠	침	칩	칭

44

	ㄱ	ㄴ	ㄹ	ㅁ	ㅂ	ㅇ
코	콕	콘	콜	콤	콥	콩
토	톡	톤	톨	톰	톱	통
파	팍	판	팔	팜	팝	팡
하	학	한	할	함	합	항
까	깍	깐	깔	깜	깝	깡
따	딱	딴	딸	땀	땁	땅
뽀	뽁	뽄	뽈	뽐	뽑	뽕
쑤	쑥	쑨	쑬	쑴	쑵	쑹
짜	짝	짠	짤	짬	짭	짱
유	육	윤	율	윰	윱	융
여	역	연	열	염	엽	영

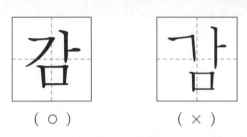

(○)　　　　(×)

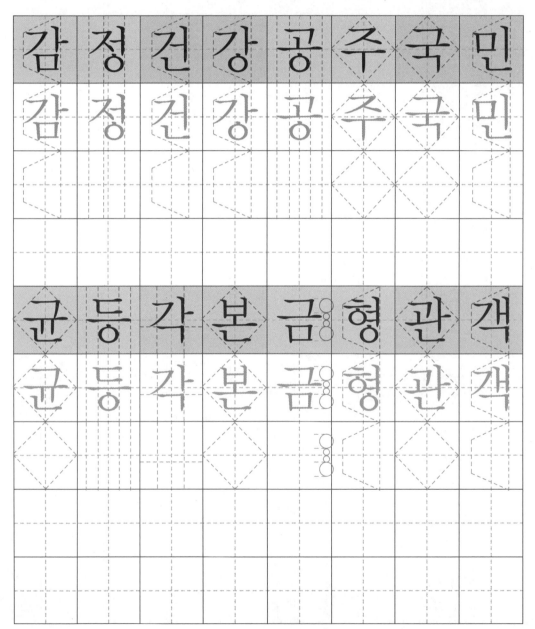

공 항 패 션 겸 손 관 광

공 항 패 션 겸 손 관 광

인 사 정 책 복 지 사 회

인 사 정 책 복 지 사 회

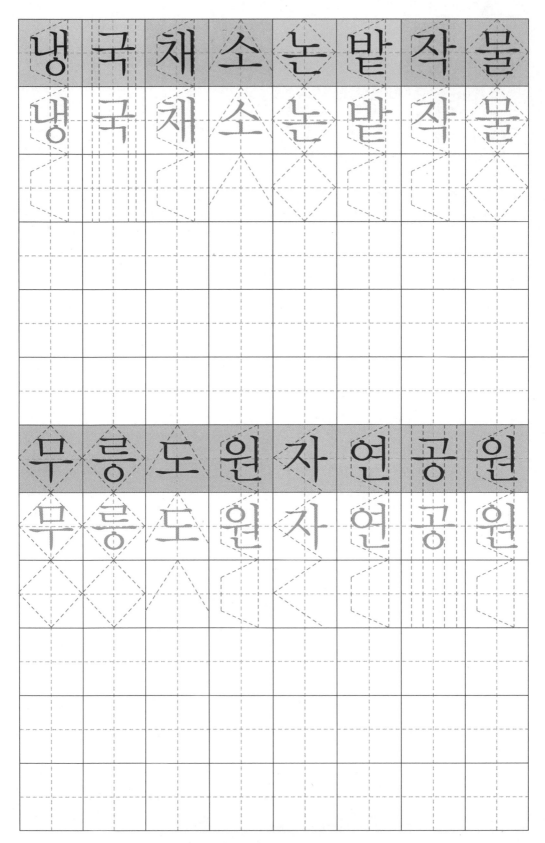

냉	국	채	소	논	밭	작	물
냉	국	채	소	논	밭	작	물
무	릉	도	원	자	연	공	원
무	릉	도	원	자	연	공	원

얼	굴	눈	썹	이	마	입	술
얼	굴	눈	썹	이	마	입	술

가	을	겨	울	높	은	하	늘
가	을	겨	울	높	은	하	늘

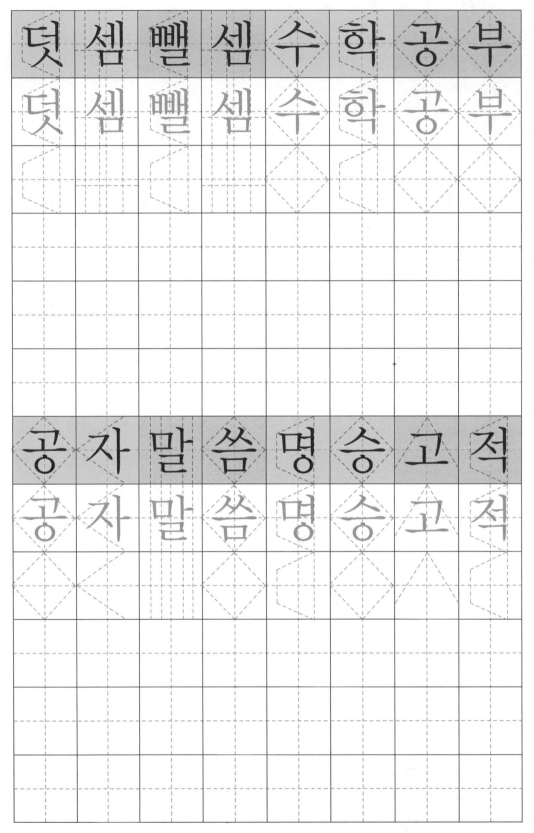

덧셈 뺄셈 수학 공부

덧셈 뺄셈 수학 공부

공자 말씀 명승 고적

공자 말씀 명승 고적

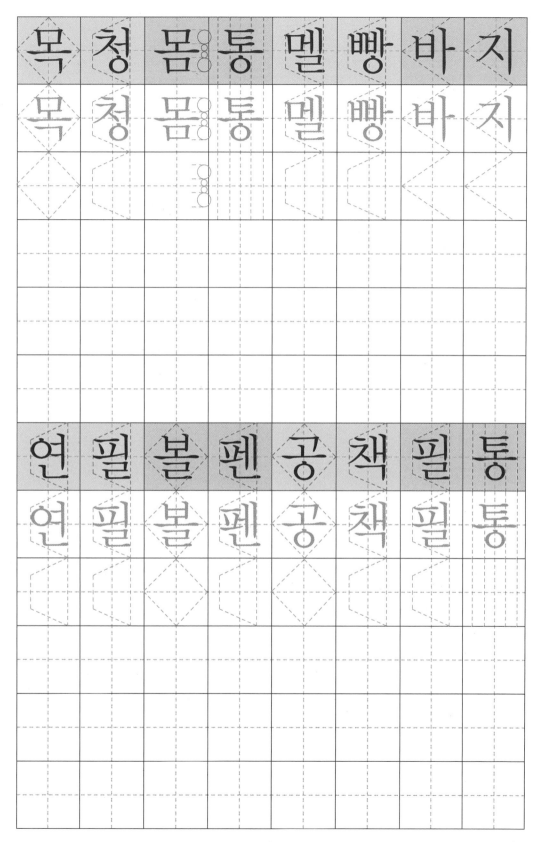

목 청 몸 통 멜 빵 바 지

목 청 몸 통 멜 빵 바 지

연 필 볼 펜 공 책 필 통

연 필 볼 펜 공 책 필 통

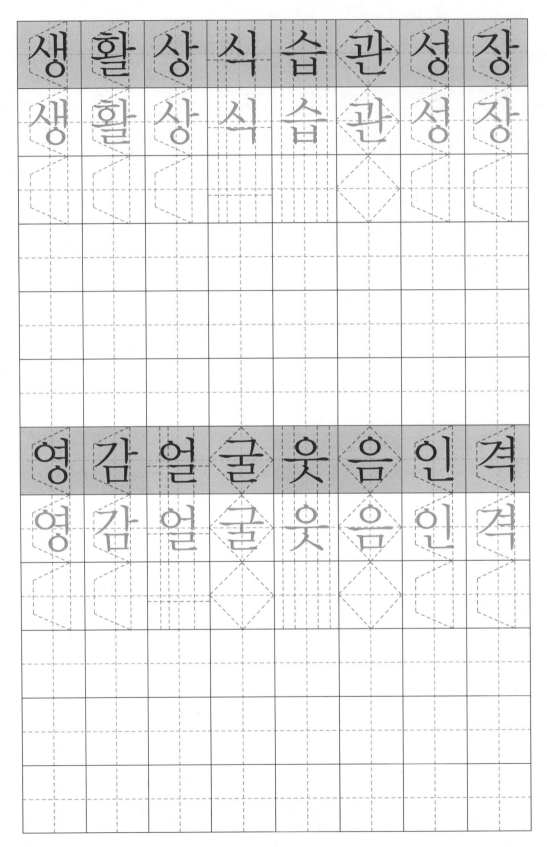

생 활 상 식 습 관 성 장

영 감 얼 굴 웃 음 인 격

옛	날	은	인	은	혜	보	답
옛	날	은	인	은	혜	보	답
장	군	작	품	쟁	반	점	심
장	군	작	품	쟁	반	점	심

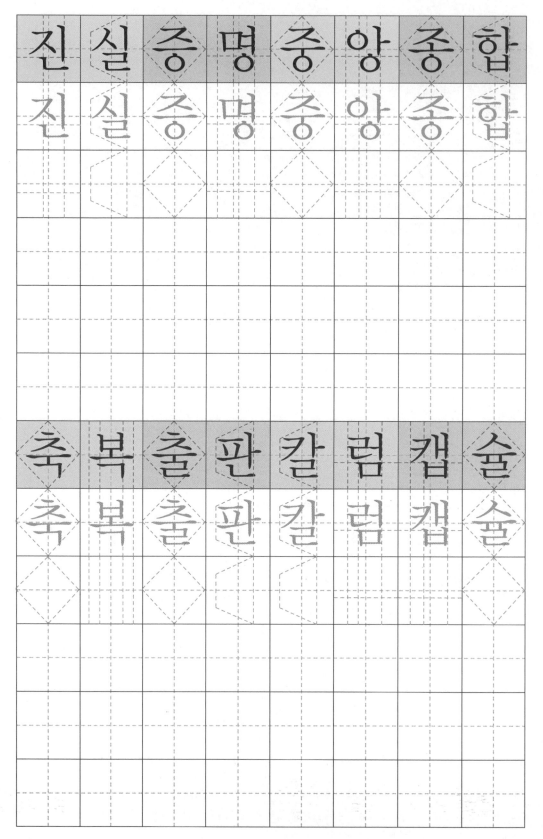

진실증명중앙종합
진실증명중앙종합

축복출판칼럼캡슐
축복출판칼럼캡슐

탐	험	택	일	툴	립	특	징
탐	험	택	일	툴	립	특	징

평	균	펜	팔	풍선	선	폭	발
평	균	펜	팔	풍선	선	폭	발

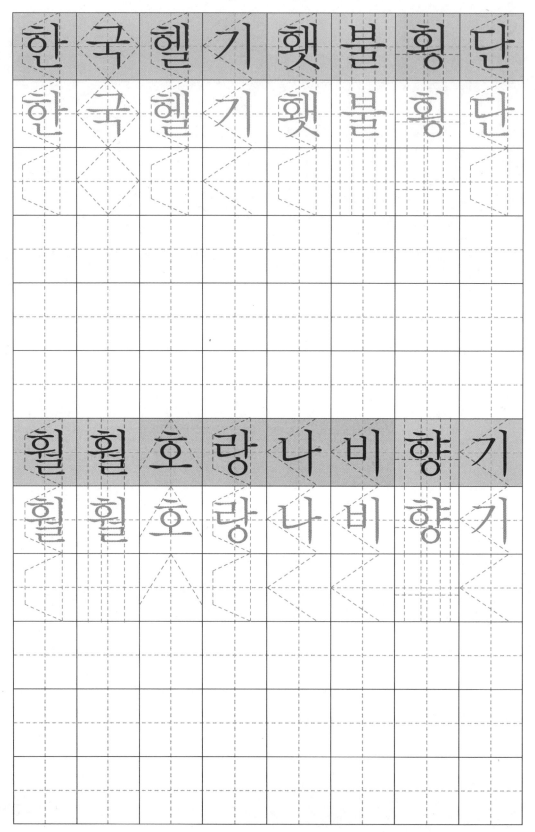

한 국 헬 기 횃 불 횡 단
한 국 헬 기 횃 불 횡 단

휠 휠 호 랑 나 비 향 기
휠 휠 호 랑 나 비 향 기

협	곡	함	성	흰	눈	햇	볕
협	곡	함	성	흰	눈	햇	볕
훈	장	효	도	향	수	호	미
훈	장	효	도	향	수	호	미

은	방	울	꽃	연	못	창	문
은	방	울	꽃	연	못	창	문

강	낭	콩	눈	망	울	동	생
강	낭	콩	눈	망	울	동	생

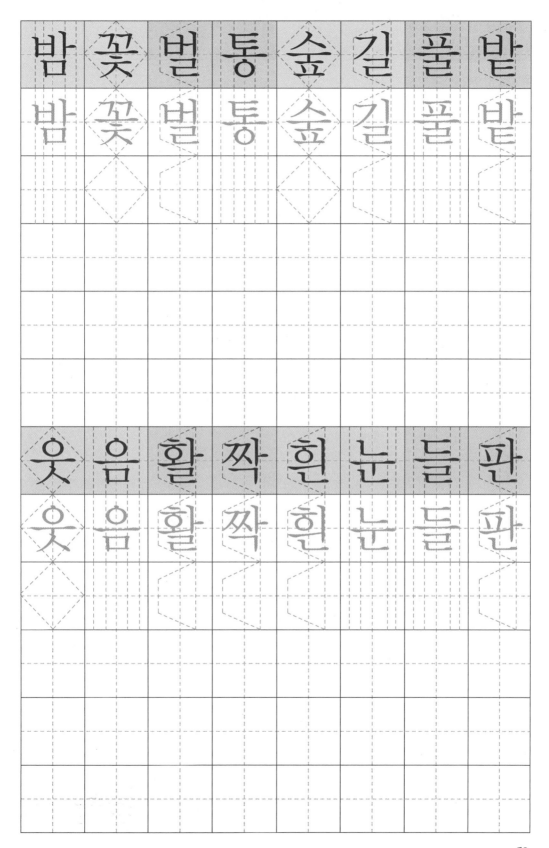

밤 꽃 벌 통 숲 길 풀 밭
밤 꽃 벌 통 숲 길 풀 밭

웃 음 활 짝 흰 눈 들 판
웃 음 활 짝 흰 눈 들 판

★ 제목

제목은 원고지 첫째 줄을 비우고 두 번째 줄 가운데에 쓴다. 좌우 빈칸이 같도록 하는 게 중요하다. 하지만 홀수로 칸이 남았을 때는 앞보다는 뒤를 한 칸 더 남도록 하는 게 보기에 좋다.

			논	술	과		에	세	이		준	비					

★ 학교나 소속

제목 바로 아래, 그러니까 셋째 줄은 비우고 넷째 줄에 학교나 소속을 적는 데 맨 뒤에서 두 칸을 비우고 쓴다.

			논	술	과		에	세	이		준	비					
			○	○	○	학	교		○	학	년		○	반			

★ 이름

학교나 소속 바로 아랫줄에 맨 뒤 두 칸을 비우고 쓴다. 성과 이름은 띄우지 않지만
한 글자 이름이나 성이 두 글자일 경우에는 성과 이름을 띄우고 쓴다.

			논	술	과		에	세	이		준	비							
					○	○	○	학	교		○	학	년		○	반			
													홍	길	동				

★ 글의 첫 문장

글의 첫 문장은 학년, 반, 이름 아래 한 줄을 비우고, 그 다음 줄의 첫 칸도 비운 다
음 둘째 칸부터 쓴다.

			논	술	과		에	세	이		준	비							
					○	○	○	학	교		○	학	년		○	반			
													홍	길	동				
	논	술	이	나		에	세	이		준	비	를		위	해	서	는		무
엇	보	다		평	소	에		다	양	한		교	과		학	습	을		통
해	서		다	양	한		주	제	의		글	들	을		주	체	적	으	로

★ 띄어쓰기

띄어쓰기를 할 때에는 한 칸을 비우고 계속 써 나가면 된다. 띄어쓰기 칸이 왼쪽 칸 맨 처음이 될 때에는 띄지 않고 바로 쓰는데 바로 윗줄의 오른쪽 끝의 여백에 띔표 (V)를 하면 된다.

❶ 반점이나 온점을 찍을 때는 바로 그 다음 칸부터 쓴다.

다	음	날	,	나	는		학	교	로		갔	다	.	그	리	고		친
구	를		만	났	다	.												

❷ 물음표나 느낌표 다음에는 한 칸 비우고 쓴다.

꽃	이		참		아	름	답	구	나	!		이		꽃		이	름	이	V
무	엇	일	까	?		철	수	는		궁	금	했	다	.					

❸ 띄어 써야 할 경우라도 문단이 시작되는 경우가 아니면 첫 칸을 비워 두지 않는다. 그럴 때는 띄어야 할 곳(원고지 끝)에 띔표(V)를 한다.

영	희	와		나	는		줄	넘	기	를		하	다	가		집	으	로	V
돌	아	왔	다	.															

❹ 문장의 끝이 원고지 맨 마지막 칸에 올 때는 끝 글자와 온점을 같은 칸에 쓰거나 오른쪽 여백에 써도 된다.

나	는		돌	아	오	는		길	에	서		철	수	를		만	났	다.

나	는		돌	아	오	는		길	에	서		철	수	를		만	났	다	.

❺ 원고지 오른쪽 끝 칸에서 문장이 끝나고 ? ! " " ' '의 문장 부호를 사용해야 할 때는 다음 줄 첫 칸에 쓴다는 것을 꼭 기억한다.

	착	한		철	수	가		어	쩌	다		저	렇	게		되	었	을	까
?		철	수	가		다	른		사	람	을		괴	롭	히	다	니	.	

되었을까?' ➜ 다음의 경우는 작은따옴표가 있기 때문에 첫 칸을 모두 비우고 써야 하고, 큰따옴표도 같으니 꼭 기억한다.

	'우	리		철	수		어	쩌	다		저	렇	게		되	었	을	까
?	'																	

	"우	리	들	은		언	제		졸	업		여	행	을		갑	니	까
?	"																	

> ✳ 참고
>
> 인용문이나 대화 내용이 온점으로 끝날 때는 따옴표나 작은따옴표를 온점과 같은 칸 오른쪽 위에 쓴다.
> 인용문이나 대화 내용이 물음표나 느낌표로 끝날 때는 따옴표나 작은따옴표를 다음 칸 위에 쓴다.

★ 줄글 쓰기

줄글은 이름을 쓴 줄의 다음 줄 비우고 일곱째 줄부터 쓰는데 처음 한 칸을 비우고 쓴다.

그리고 문단이 바뀌면 처음 한 칸을 비우고 쓰는 방식을 계속하면 된다.

			논	술	과		에	세	이		준	비		
				○	○	○	학	교		○	학	년		○	반
										홍	길	동		
	논	술	이	나		에	세	이		준	비	를		위	해	서	는		무
엇	보	다		평	소	에		다	양	한		교	과		학	습	을		통
해	서		다	양	한		주	제	의		글	들	을		주	체	적	으	로	∨
읽	고		논	리	적	이	고		비	판	적	으	로		대	응	하	는	

연	습	을		꾸	준	히		하	는		것	이		중	요	하	다	.	
	교	실	에	서		이	뤄	지	는		학	습		활	동	,		즉		새
로	운		단	원	을		읽	고		핵	심		개	념	이	나		주	제
를		파	악	,	전	체	의		논	리	적		연	관	성	을		이	해	,	∨
새	로	운		문	제	점	을		발	견	,		그		문	제	점	에		대
한		대	안	을		모	색	,	토	론		과	정	을		통	해		대
안	들	을		심	화	하	고	,	나	름	대	로		정	리	하	여		글
로		써		보	거	나		말	로		발	표	하	는		활	동		모
두	가		논	술		준	비	의		일	환	이	요	,		나	아	가		자
기		발	전	과		세	계		발	전	을		위	한		초	석	이	

★ 문장 부호 쓰기

느낌표(!)나 물음표(?)는 글자와 마찬가지로 한 칸에 쓰고 이어지는 글은 띄어쓰기를 해야 한다. 온점(.)이나 반점(,)은 한 칸에 쓰는데 이어지는 글은 한 칸을 띄지 않고 다음 칸에 바로 글자를 쓴다.

❶ 온점(.)과 반점(,)은 아래와 같이 왼쪽 아래에 쓴다.

❷ 물음표와 느낌표는 한가운데 쓴다.

❸ 따옴표(" ")는 다음과 같이 두 가지 경우로 쓴다.

"	영	수	야	,		우	리		공	부	하	자	.	"					
"	너			재	미	있	게		지	냈	니	?	"						

❹ 말줄임표(……)는 점을 6개 찍되, 한 칸에 3개씩 두 칸에 나눠서 쓰고 반드시 문장이 끝났다는 온점(.)을 다음과 같이 찍는다.

| 여 | 행 | 을 | | 가 | 지 | | 않 | 았 | 으 | 면 | … | …. | | | | | | |

★ 인용문이나 대화문

보통 큰따옴표와 작은따옴표를 쓰는 문장으로 전체를 한 칸 들여 써야 한다. 아무리 짧은 문장이라도 이어 쓰지 않고 꼭 줄을 바꾸어 쓴다는 것을 기억해야 한다.

대화 글이 계속 이어지면 끝날 때까지 앞의 한 칸을 비우고 쓰고, 대화 글이 바탕글과 이어지는 경우에는 첫 칸을 비우지 않고 쓴다.

	"	철	수	야		잘		지	냈	니	?	"							
	"	응	,	영	희		너	도		잘		지	냈	어	?	"			
	"	만	나	서		정	말		반	갑	다	.	"						

| | " | 언 | 제 | | 그 | 런 | | 말 | 을 | | 한 | | 적 | 이 | | 있 | 니 | ? | " |
| 라 | 고 | | 영 | 희 | 가 | | 말 | 했 | 어 | 요 | . | | | | | | | | |

★ 숫자와 알파벳 쓰기

로마 숫자, 한 자로 된 아라비아 숫자, 알파벳 대문자는 한 칸에 한 글자씩 쓰고, 두 자 이상의 숫자나 알파벳 소문자는 한 칸에 두 자씩 쓴다.

I	II	III	IV	V	VI	VII	VIII	IX	X							
3	월		1	일												
A	P	P	L	E												
20	20	년		12	월		25	일								
My		na	me		is		Mi	na								

66

★ 시, 시조 쓰기

시나 시조를 쓸 때는 앞의 두 칸을 모두 들여 써야 한다.

만약 2연이나 3연의 동시를 쓴다면 연이 바뀔 때마다 한 줄 비우고 그 다음 줄에 쓴다.

		계	절	이		지	나	가	는		하	늘	에	는					
		가	을	로		가	득		차		있	습	니	다					
		나	는		아	무		걱	정	도		없	이						
		가	을		속	의		별	들	을		다		헤	일		듯	합	니
		다																	
		가	슴		속	에		하	나		둘		새	겨	지	는		별	을
		이	제		다		못		헤	는		것	은						
		쉬	이		아	침	이		오	는		까	닭	이	요				

		내	일		밤	이		남	은		까	닭	이	요					
		아	직		나	의		청	춘	이		다		하	지		않	은	
		까	닭	입	니	다													
		별		하	나	에		추	억	과									
		별		하	나	에		사	랑	과									
		별		하	나	에		쓸	쓸	함	과								
		별		하	나	에		동	경	과									
		별		하	나	에		시	와										
		별		하	나	에		어	머	니	,	어	머	니					

★ 문장 부호의 이름

글을 쓸 때 사용하는 문장 부호는 우리가 잘 아는 것도 있지만, 가끔씩 보기 때문에 잘 모르는 것도 있다.

✱ 마침표

- 온점(.) : 마침표의 하나로 가로쓰기에 쓰는 문장 부호 ' . ' 의 이름이며 서술·명령· 청유 따위를 나타내는 문장의 끝에 쓰거나, 아라비아 숫자만으로 연월일을 표시할 때나 준말을 나타낼 때, 표시 문자 다음에 쓴다.
- 물음표(?) : 마침표의 하나로 문장 부호 ' ? ' 의 이름이며 의심이나 의문을 나타낼 때에 쓴다.
- 느낌표(!) : 마침표의 하나로 문장 부호 ' ! ' 의 이름이며 감탄이나 놀람, 부르짖음, 명령 등 강한 느낌을 나타낼 때에 쓴다.

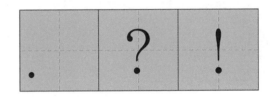

✱ 쉼표

- 반점(,) : 쉼표의 하나로 가로쓰기에 쓰는 문장 부호 ' , ' 의 이름이며 문장 안에서 짧은 휴지를 나타낼 때에 쓴다.
- 가운뎃점(·) : 쉼표의 하나로 문장 부호 ' · ' 의 이름이며 열거된 여러 단위가 대등하거나 밀접한 관계임을 나타낼 때에 쓴다.
- 쌍점(:) : 쉼표의 하나로 문장 부호 ' : ' 의 이름이며 내포되는 종류를 들거나 작은 표제 뒤에 간단한 설명이 붙을 때 쓰며, 저자의 이름 다음에 책 이름을 적거나 시(時)와 분(分), 장(章)과 절(節) 따위를 구별할 때 그리고 둘 이상을 대비할 때에 쓴다.

- 빗금(/) : 쉼표의 하나로 문장 부호 '/'의 이름이며 대응·대립되거나 대등한 것을 함께 보이는 단어나 구, 절 사이에 쓰거나 분수를 나타낼 때에 쓴다.

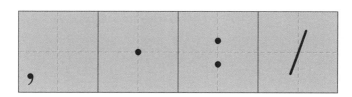

* 따옴표
- 큰따옴표(" ") : 따옴표의 하나로 가로쓰기에 쓰는 문장 부호 " "의 이름으로 글 가운데서 직접 대화를 표시하거나 남의 말을 인용할 때에 쓴다.
- 작은따옴표(' ') : 따옴표의 하나로 가로쓰기에 쓰는 문장 부호 ' '의 이름으로 따온 말 가운데 다시 따온 말이 들어 있을 때나 마음속으로 한 말을 적을 때에 쓴다.

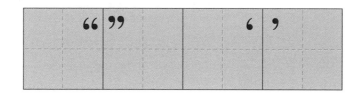

* 따옴표
- 소괄호(( )) : 묶음표의 하나로 문장 부호 '( )'의 이름으로 원어·연대·주석·설명 따위를 넣을 때에 쓰고, 특히 기호 또는 기호적인 구실을 하는 문자·단어·구에 쓰며, 빈자리임을 나타낼 때에 쓴다.
- 중괄호({ }) : 묶음표의 하나로 문장 부호 '{ }'의 이름으로 여러 단위를 동등하게 묶어서 보일 때에 쓴다.
- 대괄호([ ]) : 묶음표의 하나로 문장 부호 '〔 〕'의 이름으로 묶음표 안의 말이 바깥 말과 음이 다를 때 쓰고, 묶음표 안에 묶음표가 있을 때에 바깥 묶음표로 쓴다.

서체명 : 윤명조

분	석	적	이	고		정	확	한		독
분	석	적	이	고		정	확	한		독

해	가		논	술	의		출	발	점	이	며	∨
해	가		논	술	의		출	발	점	이	며	

창	의	적		사	고	와		문	제		해
창	의	적		사	고	와		문	제		해

결 능력을 평가하는 것

결 능력을 평가하는 것

이 논술시험의 주목적이

이 논술시험의 주목적이

다. 특히 독해력을 바탕

다. 특히 독해력을 바탕

으로 문제를 다면적·다
으로 문제를 다면적·다

충적으로 파악하되, 그
충적으로 파악하되, 그

결과를 일정한 서식에
결과를 일정한 서식에

맞추어 전달하는 표현력

맞추어 전달하는 표현력

까지 측정하는 형식으로 ∨

까지 측정하는 형식으로

제시되기도 한다.

제시되기도 한다.

다양한 상황을 가정하
다양한 상황을 가정하

고 수험생의 판단을 요
고 수험생의 판단을 요

구한다는 점도 특색이며, ∨
구한다는 점도 특색이며,

응	답	은		열	려		있	으	나		논
응	답	은		열	려		있	으	나		논

증		과	정	이		중	요	하	며	,	주
증		과	정	이		중	요	하	며	,	주

어	진		제	시	문	을		충	분	히	
어	진		제	시	문	을		충	분	히	

활용하여야　한다는　점을 ∨
활용하여야　한다는　점을

간과해서는　안　된다.
간과해서는　안　된다.

　하나의　문항에　속한
　하나의　문항에　속한

논제의 경우 일관된 논
증구조를 유지하는 것
도 중요하다. 논술시험에 ∨

출 제 되 는　　제 시 문 들 은　　대

출 제 되 는　　제 시 문 들 은　　대

개　 어 떤　　공 통　　주 제 나

개　 어 떤　　공 통　　주 제 나

개 념 어 를　　지 니 게　　되 는 데 ∨

개 념 어 를　　지 니 게　　되 는 데

이를 밝혀내면 제시문들
이를 밝혀내면 제시문들

의 관계와 구조가 한눈
의 관계와 구조가 한눈

에 보인다.
에 보인다.

연관성이 떨어져 보이
연관성이 떨어져 보이

는 글들의 공통분모를
는 글들의 공통분모를

찾아 상위 개념을 추론
찾아 상위 개념을 추론

하는 훈련이 필요하다.

하는 훈련이 필요하다.

사회 계열 문제는 자

사회 계열 문제는 자

료 해석과 활용이 특징

료 해석과 활용이 특징

으	로		나	타	난	다	.	제	시	된	
으	로		나	타	난	다	.	제	시	된	

자	료	를		다	각	적	으	로		관	찰
자	료	를		다	각	적	으	로		관	찰

하	여		해	석	하	는		것	에	서	
하	여		해	석	하	는		것	에	서	

그 치 지 　 않 고 , 　 자 료 에 　 대

한 　 해 석 을 　 논 거 로 　 하 여 ∨

특 정 　 논 지 를 　 비 판 　 혹 은 ∨

평가하기를 요구한다.
평가하기를 요구한다.

통계 등의 자료가 결
통계 등의 자료가 결

국 논지 강화를 위해
국 논지 강화를 위해

활용된다는 점에 비추면 V

활용된다는 점에 비추면

자연스러운 귀결이다. 수

자연스러운 귀결이다. 수

험생들도 평소 신문 기

험생들도 평소 신문 기

사 나　언 론　보 도 에　활 용
사 나　언 론　보 도 에　활 용

되 는　자 료 의　속 성 과　특
되 는　자 료 의　속 성 과　특

징 을　해 석 하 고　평 가 하 는　∨
징 을　해 석 하 고　평 가 하 는

습관을 들여야 한다.

습관을 들여야 한다.

제시문을 요약할 때

제시문을 요약할 때

키워드 생산은 필수라는 ∨

키워드 생산은 필수라는

점	은		기	초	적	인		요	약		훈
점	은		기	초	적	인		요	약		훈

련	을		어	느		정	도		했	다	면	∨
련	을		어	느		정	도		했	다	면	

당	연	히		이	해	하	고		있	어	야	∨
당	연	히		이	해	하	고		있	어	야	

한	다	.		제	시	문	이		만ㅎ	기		때
한	다	.		제	시	문	이		만ㅎ	기		때

문	에		하	나	하	나		어	떻	게		
문	에		하	나	하	나		어	떻	게		

요	약	해	야		할	지		망	설	여		
요	약	해	야		할	지		망	설	여		

질		수		있	다	.		그	렁	다	고	
질		수		있	다	.		그	렁	다	고	

있	는		문	장	,	눈	에		잘		띄
있	는		문	장	,	눈	에		잘		띄

는		문	장	을		그	대	로		복	사
는		문	장	을		그	대	로		복	사

해서는　안　된다.

해서는　안　된다.

입장을　바꿔놓고　생각

입장을　바꿔놓고　생각

해　보자.　채점자가　대립

해　보자.　채점자가　대립

항	과	의		연	관	성	을		살	핀	
항	과	의		연	관	성	을		살	핀	

후		제	시	문	의		내	용	이		정
후		제	시	문	의		내	용	이		정

확	히		재	생	산	되	었	는	지	를	
확	히		재	생	산	되	었	는	지	를	

파	악	한	다	면		채	점	자	는		재
파	악	한	다	면		채	점	자	는		재

생	산	의		여	부	를		어	떻	게	
생	산	의		여	부	를		어	떻	게	

확	인	할		수		있	을	까	?		
확	인	할		수		있	을	까	?		

93

설	마		삐	뚤	빼	뚤		쓴		글
설	마		삐	뚤	빼	뚤		쓴		글

씨	를		모	두		꼼	꼼	히		읽	는
씨	를		모	두		꼼	꼼	히		읽	는

다	고		생	각	하	진		않	을		것
다	고		생	각	하	진		않	을		것

이다. 그렇기 때문에 키

이다. 그렇기 때문에 키

워드를 정확히 보여줘야 ∨

워드를 정확히 보여줘야

한다. 이 제시문에서 사

한다. 이 제시문에서 사

용된　　주된　　소재나,　사례,
용된　　주된　　소재나,　사례,

개념을　　정확히　　인용해
개념을　　정확히　　인용해

주면서　　제대로　　읽었다는　∨
주면서　　제대로　　읽었다는

것을 티내는 것이죠. 그
것을 티내는 것이죠. 그

러려면 일종의 표를 그
러려면 일종의 표를 그

려서 사용해도 괜찮고,
려서 사용해도 괜찮고,

서체명 : 운현궁

그게   귀찮으면   정리라도 ∨
그게   귀찮으면   정리라도

해 두면 된 다.
해 두면 된 다.

전 체 는 하 나 의 주 제 로 ∨
전 체 는 하 나 의 주 제 로

돼　있는데　간혹　문제

돼　있는데　간혹　문제

하나하나에　집중하다　보

하나하나에　집중하다　보

면　이런　사실을　까맣게　∨

면　이런　사실을　까맣게

있는 경우가 발생한다.
있는 경우가 발생한다.

특히 마지막 문제를 풀
특히 마지막 문제를 풀

때 그런 경우가 종종
때 그런 경우가 종종

발생한다.

발생한다.

처음에도 그랬듯이 대

처음에도 그랬듯이 대

립되는 요소를 모두 활

립되는 요소를 모두 활

용하여 이에 맞게 해석이 되
용하여 이에 맞게 해석이 되

는 자료를 놓고 설명을 요구
는 자료를 놓고 설명을 요구

하기도 하고, 비판을 요구하기
하기도 하고, 비판을 요구하기

도 한다. 마지막 문제도 이
도 한다. 마지막 문제도 이

연장선상에 있다는 것을 여러

분은 잊어서는 안 된다. 따라

서 문제가 요구하는 바를 전

체 주제 안에서 한 번 더

생각해 봐야 한다.
생각해 봐야 한다.

기본적으로 고교 교육 과정
기본적으로 고교 교육 과정

을 정상적으로 이수한 학생이
을 정상적으로 이수한 학생이

라면 누구나 접근할 수 있는 ∨
라면 누구나 접근할 수 있는

기본개념과 기본 원리를 토대

기본개념과 기본 원리를 토대

로 인간, 사회 및 자연의 문

로 인간, 사회 및 자연의 문

제를 논리적·종합적으로 사고

제를 논리적·종합적으로 사고

하고, 그 사고결과를 문제 해

하고, 그 사고결과를 문제 해

결에　창의적으로　　응용하는　능
결에　창의적으로　　응용하는　능

력을　측정한다.
력을　측정한다.

단편적인　암기를　지양하고
단편적인　암기를　지양하고

논리적이고　종합적인　사고를
논리적이고　종합적인　사고를

유도하는 문제를 출제한다. 즉,

단순한 지식의 나열보다 궁극

적으로 해결해야 할 것이 무

엇인지를 파악하고 그에 대한 ∨

서체명 : 윤명조

다양하고 창의적인 해결책을

다양하고 창의적인 해결책을

논리적으로 제시하도록 한다.

논리적으로 제시하도록 한다.

또한 표나 그림 등 다양한

또한 표나 그림 등 다양한

자료를 해석하고 이를 활용하

자료를 해석하고 이를 활용하

여 문제를 해결하는 능력을

여 문제를 해결하는 능력을

평가한다.

평가한다.

가슴에 담은 것만이 내 것

가슴에 담은 것만이 내 것

이니 이를 명심하자.

이니 이를 명심하자.

고난 속에서도 희망을 가진 사람은 행복의 주인공이 되고,

고난에 굴복하고 희망을 품지 못하는 사람은

비극의 주인공이 된다.

하루를 좋은 날로 만들려는 사람은 행복의 주인공이 되고,

'나중에' 라고 미루며 시간을 놓치는 사람은

불행의 하수인이 된다.

사랑에는 기쁨도 슬픔도 있다는 것을 아는 사람은 행복하고,

슬픔의 순간만을 기억하는 사람은 불행하다.

추위에 떨어본 사람일수록 태양의 따뜻함을 알고,

인생의 괴로움을 겪어온 사람일수록

생명의 존귀함을 안다.

비뚤어진 마음을 바로잡는 이는 똑똑한 사람이고,

비뚤어진 마음을 그대로 간직하고 있는 이는

어리석은 사람이다.

먹이가 있는 곳엔 틀림없이 적이 있고,

영광이 있는 곳엔 틀림없이 상처가 있다.

좋은 취미를 가지면 삶이 즐겁지만,

나쁜 취미를 가지면 늘 불행의 불씨를 안고 살게 된다.

남에게 손해를 입히면 마침내 나도 해를 입고,

원세에 의존하면 화가 서로 따르게 된다.

용서는 단지 자기에게 상처를 준 사람을 받아들이는

것만이 아니라 미움과 원망의 마음에서 그를 놓아주는 일이다.

시간은 인생의 동전이다.

시간은 네가 가진 유일한 동전이고,

그 동전을 어디에 쓸지는 너만이 결정할 수 있다.

타인이 네 동전을 써버리지 않도록 늘 주의하라.

복은 검소함에서 생기고, 덕은 겸양함에서 생기며,

지혜는 고요히 생각하는 데서 생긴다.

참기 어려움을 참는 것이 진실한 참음이요,

누구나 참을 수 있는 것은 일상의 참음이다.

강한 자 앞에서 참는 것은 두렵기 때문이고,

자기와 같은 사람 앞에서 참는 것은 싸우기 싫어서며,

자기보다 못한 사람 앞에서 참는 것이 진정한 참음이다.